AF337870

DISCOURS

PRONONCÉ

A L'OCCASION DU MARIAGE

DE

M. le Cte Henry DE FOUILHAC DE PADIRAC

ET DE

Mlle Armande DE BROSSARD

Par M. l'abbé PRIOU, Curé de St-Laud.

ANGERS

IMPRIMERIE LACHÈSE ET DOLBEAU

Chaussée Saint-Pierre, 13

1880

DISCOURS

PRONONCÉ

A L'OCCASION DU MARIAGE

DE

M. le Cte Henry DE FOUILHAC DE PADIRAC

ET DE

Mlle Armande DE BROSSARD

Par M. l'abbé PRIOU, Curé de St-Laud (1).

JEUNES ÉPOUX,

Tout est bien, qui finit bien. Après les mécomptes de ces derniers jours, je suis heureux de pouvoir enfin bénir la pieuse fiancée qui, comme la jeune fille des temps bibliques, a quitté le pays natal, sous la conduite de ses bien-aimés parents, pour venir au pays de son fiancé, lui donnant ainsi un gage de sa déférence d'épouse ; je suis heureux de bénir l'union de celui qui reçut autrefois de ma main l'initiation à la foi dans les eaux du baptême. A ce

(1) Le mariage devait avoir lieu en Bretagne ; mais une pièce nécessaire s'étant fait attendre quelques jours, il a été célébré à Angers.

titre je ne crains pas d'affirmer que si tout autre eût donné à cette cérémonie plus d'éclat, nul n'y aurait apporté un cœur plus sympathique, ni des vœux plus ardents.

Cette fonction m'est d'autant plus chère (laissez-moi vous le dire, Mademoiselle, dût votre modestie en souffrir quelque peu), cette fonction m'est d'autant plus chère qu'en apportant le bonheur à celui qui devient aujourd'hui votre mari, vous apportez à sa bonne mère qui sera désormais la vôtre aussi, la consolation la plus désirée et dont ses longues épreuves et son dévouement à ses fils la rendent digne à tous égards.

Puis je l'avoue, de quelque côté que je tourne les yeux, je me sens à l'aise et dégagé des tristes pressentiments qui trop souvent viennent assaillir notre pensée dans l'exercice du ministère que je remplis à l'heure qu'il est.

Tout ici me semble marqué d'un signe providentiel : tout, jusqu'à la rapidité des négociations qui ont abouti si vite au résultat désiré ; tout, jusqu'à cette rencontre, fortuite en apparence, mais voulue et ménagée par Dieu, d'un noble fils de notre catholique Anjou avec une noble enfant de la catholique Bretagne. Deux pays si bien faits pour s'entendre.

Oui, jeunes époux, plus je considère vos familles, plus je suis frappé des similitudes qui vous rapprochent : même éducation profondément chrétienne, même élévation dans le sentiment de l'honneur, qui oblige plus encore que la noblesse du nom ; même dévouement à la cause sacrée de l'Église, pour laquelle, cher Henri, vous avez combattu côte à côte avec le digne frère de celle qu'un jour vous deviez être si heureux d'appeler votre femme, tandis que, marchant sur les traces de votre père, vos frères plus jeunes suivront la glorieuse carrière des armes au service de la patrie, cette seconde religion de tous les cœurs français. A ce dévouement envers l'Église et envers la France, vos familles en joignent un autre qui ne les honore pas moins, je veux dire le culte des vieux parents. Vous ne me pardonneriez pas, cher Henri, ni vous ni les vôtres, de passer sous silence, même au milieu des joies d'une noce, le pieux souvenir d'une aïeule dont le deuil récent plane encore sur cette fête. Après de longues années de cet affaiblissement progressif, qui a trop souvent pour résultat de lasser la piété filiale elle-même, la marquise douairière de Cacqueray s'est éteinte ou plutôt endormie entre les bras de ses enfants et petits-enfants. Elle a dû être accueillie au ciel par sa fille, l'héroïque sœur Catherine, qui l'y avait précédée de quelques jours, succombant sur une terre infidèle, martyre de son zèle pour la foi, en missionnaire et en apôtre. L'âme de votre aïeule y aura retrouvé aussi le frère aîné de votre Armande, digne également, par les vertus de sa vie et la sainteté de sa mort, de devenir votre protecteur et votre modèle.

Moins pardonnable encore serait l'oubli, Mademoiselle, si nous ne rappelions en ce moment un nom que je lis sur toutes les lèvres, le nom d'un oncle bien-aimé, dont l'absence laisse ici un grand vide. Comme il serait heureux de donner dans cette circonstance, à l'ange qui embellit sa solitude et soutient sa vieillesse, un nouveau gage de sa tendresse quasi paternelle ! Comme il étendrait ses deux mains pour bénir sa fille adoptive et celui que déjà il confond avec elle dans le même sentiment de sa généreuse affection !

Et n'allez pas croire, jeunes époux, que nous évoquons ces témoignages pour le vain plaisir de louer vos familles et de vous flatter vous-mêmes. Ce ne serait assurément ni le lieu, ni l'heure. Nous avons bien plutôt voulu montrer que vos traditions, comme vos œuvres personnelles, vous lient par avance, et que dores et déjà vous serez ce que vous avez été dans votre passé. Lorsque des fiancés se présentent au pied de l'autel sous de pareils auspices, on peut tout espérer de leur union. Si donc je me permets de vous parler un instant le langage de la religion au sujet du mariage chrétien, c'est bien plus pour vous affermir dans les sentiments où vous êtes tous les deux, que pour vous les inspirer.

Or, vous le savez, le mariage aux yeux de la religion, n'est pas seulement l'élan de deux cœurs qui se donnent l'un à l'autre, il n'est pas seulement un contrat, que la loi civile au nom de la famille et de la société, entoure de sages précautions pour en sauvegarder les intérêts temporels ; le mariage est encore un sacrement, c'est-à-dire un acte saint auquel le fondateur du Christianisme attache des secours surnaturels qui assurent, s'ils y correspondent, la fidélité et le bonheur des époux. Oh ! comme la religion ennoblit les destinées de l'homme et embellit, en les sanctifiant, toutes les phases de la vie ! Écoutez plutôt le langage de l'Évangile dans la bouche de saint Paul. Le mariage, dit-il, est un grand sacrement dans le Christ et dans son Église, *Sacramentum hoc magnum est in Christo et in Ecclesia.* — Oui, très grand est ce sacrement, parce que en leur conférant la grâce, il marque les époux du sceau de l'éternité. Ce don de la grâce vient en aide au sentiment de la nature, et lorsque le temps et l'habitude, ces terribles écueils des affections humaines, auront passé sur votre cœur, vous y retrouverez encore, gardées et sanctifiées par elle, une profonde estime et une amitié toujours jeunes. Aux yeux de l'épouse chrétienne, en effet, apparaît dans l'homme, constitué son chef, un type divin qui est le Christ lui-même : *Quoniam vir caput est mulieris, sicut Christus caput est Ecclesiæ.* Aux yeux du mari chrétien, la femme, malgré le nombre des années, rayonne toujours de l'auréole de l'Église, épouse du Christ, qui ne vieillit pas. N'est-il pas vrai qu'alors en dépit des nuages, qui parfois s'élèvent sur les unions les mieux assorties, l'harmonie demeure facile ? La femme n'accomplit-elle pas avec bonheur le précepte d'être soumise à son mari comme à Dieu même : *Mulieres viris suis subditæ sint sicut Domino ?* Son maître n'est-il pas, avant tout, son protecteur et son meilleur ami ? Oh ! oui, car il sait bien qu'il n'a le droit de commander à cet être faible et protégé par sa faiblesse même, qu'à la condition de l'aimer beaucoup, de l'aimer jusqu'au sacrifice et à l'immolation, comme le Christ son modèle *: Viri, diligite uxores vestras, sicut Christus dilexit Ecclesiam et seipsum tradidit pro ea.* Sur le seuil de tels époux on peut graver sans crainte cette maxime évangélique, qui sera vraie après un demi siècle de vie commune aussi bien que le lendemain de leurs noces : que l'homme ne tente pas de séparer ce que Dieu a indissolublement uni, *quod ergo Deus conjunxit, homo non separet.*

Telle est la noble tâche à laquelle la religion convie les époux et, j'en ai la confiance, vous n'y faillirez jamais.

Maintenant donc, en présence de vos plus

proches et de vos plus chers parents, en présence des quelques amis qui vous entourent, nous allons bénir votre union à laquelle cet oratoire domestique et cette heure recueillie donnent un caractère d'intimité touchante. Tous ensemble nous allons demander à Dieu qu'il fasse descendre sur vous ses plus abondantes bénédictions. Aujourd'hui la société troublée et la religion en deuil tournent leurs regards vers le sanctuaire de la famille. Si la société et la religion peuvent être sauvées (les ennemis de la société et de la religion le savent bien) c'est surtout par l'éducation religieuse des enfants dans la famille chrétienne. Ne l'oubliez jamais, si Dieu vous appelle un jour à l'honneur de cette importante et délicate mission. En travaillant au bonheur commun vous ferez le vôtre.

Chapelle Épiscopale de l'Esvière, 24 mai 1880.

Angers, imp. Lachèse et Dolbeau-0-1312

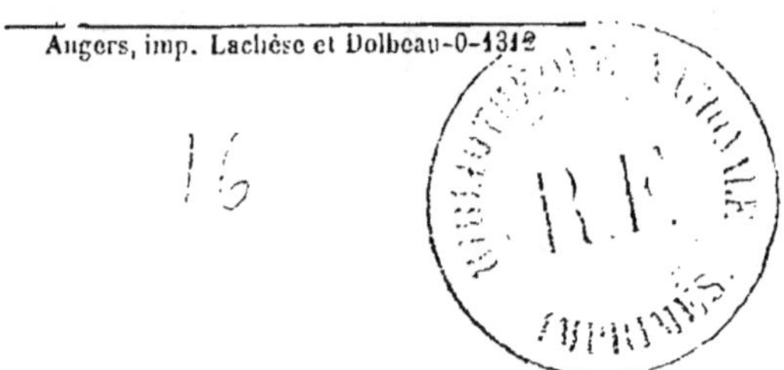